RÉVOLUTION

ROYALISTE

DE TOULON

EN 1793;

DÉDIÉE AU ROI,

Et présentée à Sa Majesté le 9 septembre 1814.

NOUVELLE ÉDITION DE 1816.

RÉVOLUTION

ROYALISTE

DE TOULON,

EN 1793,

POUR LE RÉTABLISSEMENT

DE LA MONARCHIE;

Manuscrit laissé à Londres en 1802, chez M. John Symmons, Membre de l'Académie Royale, par M. Gauthier de Brécy, émigré de Toulon, Lecteur du cabinet du Roi.

SECONDE ÉDITION.

A PARIS,

DE L'IMPRIMERIE DE POULET,

QUAI DES AUGUSTINS, N°. 9.

1816.

Nota. C'est le 29 août, jour de la fête donnée au meilleur des Rois par les habitans de Paris, que Sa Majesté a daigné accepter la dédicace de ce manuscrit, sur la présentation et sous les auspices de M. le duc d'Aumont, premier gentilhomme de le chambre du Roi. L'acceptation est enregistrée au n°. 846, sur le journal tenu au secrétariat de M. le premier gentil-homme.

M. le duc d'Aumont, dont l'obligeance et l'affabilité sont parfaites, et en si grande concordance avec les bontés pater-nelles du Roi pour tous ses sujets, a bien voulu me procurer cette faveur sur la connaissance qu'il a acquise de mes droits à la protection particulière de Sa Majesté.

1816.

C'est aussi sur la connaissance de ces droits que Sa Majesté, sur la présentation de M. le duc d'Aumont, a daigné me nommer lecteur de son cabinet.

L'obligeance est le caractère remarquable de messieurs les premiers gentilshommes. J'ai aussi souvent éprouvé celle de M. le duc de Duras : et M. le duc de Rohan, maintenant en service auprès du Roi, est déjà si connu par son affabilité, que les bons et vrais serviteurs du Roi peuvent compter sur ses dispositions bienveillantes auprès de Sa Majesté.

AVANT-PROPOS.

MALGRÉ l'intervalle qui sépare l'époque des événemens royalistes de 1793 à Toulon, de l'époque mémorable de la réintégration de Louis XVIII sur le
trône des Bourbons, la différence frappante que les
apparences semblent établir entre les Toulonnais de
1793 et ceux de 1815 (1), paraît avoir redoublé la
curiosité du public sur la brochure que j'ai publiée
l'année dernière, ayant pour titre : *Révolution royaliste de 1793, à Toulon.*

La première édition de cette brochure étant épui-
sée, et nombre de Français en demandant journelle-
ment des exemplaires, j'ai consenti à cette seconde
édition, 1º. parce que j'ai pensé que le mérite d'une
grande et belle action ne devant jamais être perdu,
il y a toujours un profit réel pour la société, à en retracer le souvenir ; 2º. parce que toutes les circonstances des mouvemens royalistes de Toulon, en
1793, forment, de l'ensemble des événemens, un
des épisodes les plus marquans de la révolution française, et appartiennent conséquemment à l'histoire.

____

(1) La faux révolutionnaire, ainsi que celle du
temps, a moissonné la majeure partie des royalistes de
1793 : il n'en reste qu'un très-petit nombre à Toulon,
encore étaient-ils dispersés au retour du Roi.

On peut se rappeler que le Moniteur (1), et plu-

___

(1) *Extrait du Moniteur du* 16 *octobre* 1814 :
« M. Gauthier de Brécy vient de dédier au Roi son
» ouvrage ayant pour titre : *Révolution royaliste de* 1793,
» *à Toulon ;* c'était un juste hommage qu'il devait au
» Prince qui, au premier appel des Toulonnais, mal-
» gré l'incertitude des succès, malgré l'apparence des
» obstacles, n'hésita pas à venir du fond de l'Alle-
» magne, dans le dessein de partager les dangers d'un
» événement glorieux qui devait rendre à la France
» son Roi légitime, en terminant nos malheurs. Au
» milieu des horreurs de la plus sanglante anarchie
» (dit l'auteur), les habitans de Toulon conçoivent,
» en 1793, l'entreprise hardie de reconnaître leur Roi ;
» tous leurs vœux se portent sur les Bourbons ; leurs
» espérances reposent sur leur génie, leur sagesse,
» leur valeur. Jamais il ne s'était présenté un plus
» brillant concours de vertus et de moyens pour sau-
» ver la France. Par quelle fatalité de si hautes espé-
» rances furent-elles détruites ! Par quelle fatalité
» nos malheurs furent-ils si long-temps prolongés ! »
Les détails que nous donne à cet égard l'écrivain que
nous citons, doivent être lus dans l'ouvrage.

Témoin des événemens auxquels il a pris une part
très-active, il les décrit avec clarté, et en présente
l'ensemble avec une louable impartialité ; il peint plus
qu'il ne disserte ; il expose encore plus qu'il n'accuse,
et ne se livre particulièrement à une expression vive
et animée, que lorsqu'il a à rendre hommage au zèle
et au dévouement de ses braves compagnons d'armes

sieurs journaux, ont fait, en 1814, des analyses marquantes de ce petit ouvrage, dont Sa Majesté

---

et d'infortune. C'est avec plaisir qu'on le voit citer ceux qui ont donné, dans cette circonstance, le plus de preuves de courage, ou de commisération pour le malheur; il leur donne surtout un bel éloge, en rappelant les paroles touchantes que le Roi a adressées à la députation de Toulon, le jour que cette ville fut admise au pied du trône, pour la restauration duquel elle avait tant souffert.

Extrait de la Gazette de France, du 22 octobre 1814.

« Déjà plusieurs écrivains distingués nous ont dé-
» crit les calamités dont la Vendée fut le théâtre pen-
» dant plusieurs années.

» Le siége de Lyon attend encore un historien.
» Quant à celui de Toulon, un de ceux qui ont le
» plus avantageusement figuré dans la défense de
» cette place, M. Gauthier de Brécy nous en trace
» aujourd'hui une esquisse rapide, qui pourra servir
» un jour aux historiens de la révolution entière. Dans
» le narré succinct de M. de Brécy, on voit que le
» mouvement qui arriva à Toulon, avait aussi pour
» cause l'oppression sous laquelle gémissait cette ville;
» la désorganisation de la marine, la dispersion et in-
» carcération des chefs de ce corps, le massacre des ad-
» ministrateurs et des citoyens honnêtes, les violences
» employées pour arracher aux habitans leur consen-
» tement *signé* au supplice du Roi; enfin, le désespoir
» où l'impunité des crimes avait réduit un peuple
» généreux, qu'on décimait tous les jours. Le peuple

avait daigné accepter la dédicace. Louis XVIII, le

» aimait et regrettait son Roi, qui l'avait rendu heu-
» reux. Il tourna les yeux du côté de nos Princes, dont
» il attendait son salut : il les rappela ; et, après avoir
» secoué le joug de la Convention, il arbora sur ses
» murs l'étendard des lys, qui n'y brilla pas long-
» temps. Tous les détails de cette courte mais hono-
» rable révolution, sont racontés, avec autant de cha-
» leur que de précision, dans la brochure de M. de
» Brécy. On aime à l'y retrouver lui-même, donnant
» le signal, délivrant les prisonniers, indiquant les
» mesures nécessaires à la sûreté générale, négociant
» avec la flotte dont il gagnait ou neutralisait les chefs ;
» s'opposant, au milieu des Toulonnais, aux progrès
» de l'armée républicaine. Et enfin, convaincu de
» l'impuissance des efforts de ses compatriotes et des
» siens, se réfugiant sur les flottes alliées, et ne reti-
» rant de sa tentative que l'honneur de l'avoir entre-
» prise, M. de Brécy doit être satisfait aujourd'hui ;
» le rétablissement de ses Princes, auquel il avait tra-
» vaillé, s'est opéré par les mains de l'Europe, ou
» plutôt par la Providence ; ce fidèle sujet, qui a revu
» son Roi sur le trône, et qui ne formait point d'autres
» vœux, jouit maintenant du fruit de son zèle. Il n'a
» pas demandé de récompense (*) ; il a fait plus, il

(*) On a vu, dans la note qui précède l'Avant-propos,
que ce n'est qu'après la présentation de cet ouvrage à Sa Majesté, que M. de Brécy a été nommé lecteur du cabinet du
Roi, douce et honorable récompense, qui fera la consolation
de ses vieux jours.

plus sensible des Rois, en a pris lecture avec cet intérêt qu'il avait déjà publiquement accordé à la mémoire d'un évènement qui retraçait à son cœur le courage, les dangers, le dévouement et la fidélité des habitans d'une ville qui, en même temps que les immortels Vendéens, mais au milieu de circonstances plus critiques, avait tout hasardé pour la restauration de la monarchie.

Plus on se pénétrera de la hardiesse de l'entreprise de 1793, plus on regrettera son peu de succès. Que de calamités épargnées ! que de sang ménagé ! que d'humiliations évitées, si le Roi par excellence (c'est nommer Louis XVIII) eût pu faire jouir alors la France des fruits de cette haute sagesse, de ces grands talens, de cette réunion de vertus que Sa

---

» n'a cessé d'engager ceux qui avaient rendu, comme
» lui, des services à leur Roi, au désintéressement
» dont il leur donne l'exemple; c'est à ses nobles traits
» que le caractère d'un bou et loyal Français se ma-
» nifeste; c'est ainsi qu'on prouve la pureté de son
» dévouement à la plus juste des causes, et qu'on
» obtient la considération publique et l'estime de soi-
» même. La lecture de ce petit ouvrage intéresse, par
» les sentimens que l'auteur exprime, et par la ma-
» nière dont il les rend. Nous allons en citer un pas-
» sage, pour apprécier notre opinion sur son style. »
M. de Brécy peint le moment de l'évacuation de
Toulon. « Le 17, dans la nuit, la frayeur s'empara
» des esprits, etc., etc. » Voir la suite à la page 31.

Majesté développe chaque jour pour réparer les malheurs de son peuple, et assurer, par degré, son bonheur!

Le Roi, à son retour en France en 1814, avait, en peu de temps, préparé et commencé le cours d'une prospérité aussi nouvelle qu'inattendue, lorsque le fatal 20 mars 1815, obligea Sa Majesté à se séparer quelques instans de son peuple chéri, l'idole de ses pensées et de son cœur. Ah! nos neveux, lorsqu'ils liront l'histoire de cette année 1815, ne voudront, ne pourront jamais croire que l'audace d'une poignée de soldats rassemblés par des factieux, ramenant à leur tête un chef aussi ignominieusement avili qu'honteusement déchu d'un trône usurpé, n'ait rencontré aucun obstacle ; que cet amour des Français pour leur Roi ait été assez violemment comprimé pour rendre leurs vœux et leurs efforts impuissans.

Il est impossible de ne pas croire que le succès du voyage presqu'imvraisemblable de Bonaparte de l'île d'Elbe à Paris, ne soit dû à des ressorts aussi secrets que puissans, employés par une combinaison perfide, dont la trame sera, tôt ou tard, découverte dans l'histoire générale de l'Europe; si l'on considère surtout l'opposition puissante que présentait à l'exécution de cette audacieuse tentative, le grand caractère et l'étonnant courage qu'ont déployés, dans le midi de la France, deux augustes époux nés du plus pur sang des Bourbons, tandis que le digne héritier du trône,

son Altesse Royale Monsieur , fort de son courage
et de la conviction des droits de son auguste frère ,
hasardait à Lyon (1) l'entreprise glorieuse de conserver au Roi la fidélité de ces mêmes Lyonnais qui,
naguère , avaient su résister avec tant d'énergie à
l'oppression d'un sénat d'usurpateurs.

Dignes et fidèles habitans de Bordeaux, l'histoire
consacrera à perpétuité votre fidélité à la monarchie,
et surtout votre amour pour l'auguste et vertueuse
fille de la plus adorable des reines. Les Vendéens,
les villes du midi (2), et tant d'autres villes des départemens de la France, ne sont pas moins recom-
mandables que vous ; mais vous avez, sur les cités
fidèles , l'avantage inappréciable d'avoir été encouragé par la présence des plus beaux rejettons du sang
de nos Rois. Je me plais à citer ici les actes de fidélité qui ont fait la consolation du Roi et de sa famille.

___

(1) La plus honteuse défection, la plus lâche per-
fidie obligèrent le Prince à se retirer sans succès. Je fus
du nombre de ceux qui suivirent son Altesse Royale ,
pour se ranger à Paris , parmi les défenseurs du Roi,
abandonnant une place de plus de 30,000 francs à la
résidence de Lyon. Je ne peux douter que le ministère
ne me donne, tôt ou tard, le dédommagement de ce
nouveau sacrifice.

(2) Marseille, en 1814 comme en 1815 , a été une
des villes les plus fidèles du Midi. La haine des Mar-
seillais contre l'usurpateur et ses satellites ou partisans , est aussi forte que leur amour pour le Roi et sa
famille est pur et parfait.

Vous aurez aussi votre place dans l'histoire de la restauration, vous, Français de tous les rangs, de tous les états, qui avez suivi le Roi dans ses malheurs! et vous, qui restez sur le sol français sans craindre la proscription et la haine de l'usurpateur, n'avez pas hésité, sous son règne éphémère, de vous exposer à demeurer fidèles au Roi (1).

Loin de moi la pensée de tracer ici le tableau des maux incalculables attirés sur nous par la défection de nos armées ; l'opprobre et la honte en restent seules à un petit nombre de chefs ambitieux et de fonctionnaires civils, ligués contre la légitimité du trône, mais qui sont voués aujourd'hui à l'indignation publique, comme à la vengeance des lois.

Puisse la clémence infinie du Roi, ramener aux principes de cette légitimité, le trop grand nombre de Français coupables ou égarés, à qui l'indulgente amnistie décrétée par les deux Chambres, et sanctionnée par le Roi, donne l'absolution de leurs fautes ou de leurs erreurs! Dans cette douce attente, évitons toute exaspération capable de nous réconcilier, de nous réunir même, au besoin, aux vrais convertis.

Surveillance sans trop de méfiance, dévouement sans réserve comme sans crainte, voilà le devoir des

______

(1) Parmi les actes de fidélité, on remarque surtout le dévouement du 10e. de ligne et de son commandant, et ceux de M. le baron de Vitroles et du maréchal-de-camp commandant à Thionville.

vrais royalistes. Déjà de grands coupables sont et seront jugés ; les meurtriers du Roi martyr sont enfin rejetés de ce sol français qu'ils avaient si long-temps souillé par leur présence, de ce sol renommé jadis le terroir de l'honneur et de la loyauté, purifié et régénéré aujourd'hui par la présence des vertueux descendans de nos Rois.

Que ces pensées, douces et consolantes, nous inspirent donc toute confiance dans la constante sagesse du Roi, dans son inimitable patience comme dans le dévouement des deux Chambres. Espérons que le ministère, qui compte dans ses rangs des hommes connus par leur honneur et leurs talens, présidé par l'héritier d'un grand nom, illustré lui-même par ses talens et sa gloire, n'aura qu'un seul et même esprit, qu'une seule et même résolution, celle de régénérer toutes les branches d'administration, en n'en confiant les intérêts qu'à des hommes sûrs en même temps qu'habiles, mais surtout investis de cette confiance publique, sans laquelle on n'obtient aucun succès.

Et vous, habitans de Toulon ! vous dont les pères ont illustré naguère votre cité par leurs sacrifices et leur dévouement au trône légitime ! vous, dont je m'honore d'avoir été le concitoyen ! que l'histoire vous mette un jour au rang des villes fidéles, et que l'on puisse dire de vous que, depuis le retour du meilleur des Rois, vous n'avez pas dégénéré de la loyauté et de la fidélité des Toulonnais de 1793.

Tout semble annoncer que la France entière n'aura

bientôt qu'une seule et même pensée, qu'un seul sen-timent : *Amour pour le Roi, fidélité à son trône.* La nation française s'explique chaque jour par l'organe de ses représentans ; les deux Chambres sont par-faites ; rien de ce qui peut assurer la stabilité du trône et le bonheur de la France, n'échappe à leur sollici-citude ; leur noble enthousiasme, leur zèle ardent ne franchissent jamais les bornes de la prudence.

Présidées, l'une et l'autre, par deux magistrats également distingués par leur talent et leur fidélité, elles comptent aussi, dans leur sein, des orateurs du premier rang, parmi lesquels on aime à retrouver souvent le courageux défenseur du Roi martyr.

L'union constante des deux Chambres avec le Roi, le licenciement de l'armée, chef-d'œuvre du carac-tère et de la sagesse d'un militaire distingué, la ré-génération de cette même armée sous un ministre aussi loyal que dévoué à Sa Majesté ; une Garde royale organisée sous les plus heureux auspices, et commandée par des maréchaux et des généraux fidèles, des Gardes nationales animées du meilleur esprit, sous les ordres de l'auguste héritier du trône ; enfin, une Garde nationale parisienne, qui a pour chef le guerrier le plus estimable et le plus justement honoré de la confiance du Roi, tout concourt à for-mer ce faisceau de sentimens et de volontés dont le but et la gloire sont et seront désormais le bonheur du Roi, inséparable de celui de la patrie.

Vive le Roi !

AU ROI.

— — —

SIRE,

A qui puis-je mieux dédier le récit de la Révolution royaliste de Toulon en 1793, qu'à l'auguste Prince qui, au premier appel des Toulonnais, malgré l'incertitude du succès, malgré l'apparence des obstacles, n'hésita pas à venir, du fond de l'Allemagne, partager les dangers de l'évènement glorieux qui rendait à la France son Roi légitime, et terminait ses malheurs?

Dieu, SIRE, en vous ôtant alors l'occasion de signaler votre courage et votre sagesse, vou-

lut encore soumettre à de nouvelles épreuves
et le Prince et les sujets.

Eloignons des souvenirs si tristes, pour ne
voir que les triomphes et le bonheur dont la
divine Providence a voulu enfin payer les longues souffrances de Votre Majesté et de son
auguste famille.

La lecture des évènemens de Toulon atten-
drira le cœur sensible de Votre Majesté; je les
ai peints sans éloquence, mais avec vérité.

Puisse cette vérité, SIRE, convaincre Votre
Majesté que j'ai été, que je suis, et que je se-
rai toute ma vie un sujet fidèle et entièrement
dévoué à tous les sacrifices pour la cause du
trône et pour celle de l'auguste famille des
Bourbons!

Je suis avec le plus profond respect,

SIRE,

De Votre Majesté,

Le très-humble, très-obéissant
serviteur et sujet,

GAUTHIER DE BRÉCY,
emigré de Toulon.

HOMMAGE

A S. A. R. MONSIEUR,

FRÈRE DU ROI.

———

Monseigneur,

Au milieu des horreurs de la plus sanglante anarchie, les habitans de Toulon
conçoivent, en 1793, l'entreprise aussi hardie que glorieuse de reconnaître leur Roi
légitime dans la personne de Louis XVII.
Ils appellent votre auguste frère à la ré-
gence du royaume, et voient, dans Votre
Altesse Royale, le généralissime des armées.

Tous leurs vœux se portent sur les Bourbons, leurs espérances reposent sur leur
génie, leur sagesse et leur valeur ; jamais
le moment ne fut plus favorable, jamais
il ne s'était présenté un plus brillant concours de vertus et de moyens pour sauver
la France.

2

Par quelle fatalité de si hautes espérances furent-elles détruites ? par quelle fatalité nos malheurs furent-ils encore prolongés ? J'en ai tracé, Monseigneur, les causes et les détails dans ce manuscrit dont Sa Majesté a bien voulu permettre que je lui fasse la dédicace.

Votre Altesse Royale a aussi daigné accepter l'offre que j'ai eu l'honneur de lui faire d'un exemplaire de ce précis sur les évènemens de Toulon ; je devais cet hommage, je devais ce faible tribut de mon respect au protecteur constant des Toulonnais dans leur exil, au Prince qui m'a particulièrement honoré de sa bienveillance en Angleterre, et dont les bontés royales font la consolation de mes vieux jours.

Je suis avec le plus profond respect,

Monseigneur,

De Votre Altesse Royale,
le très-humble et très-obéissant serviteur,

GAUTHIER DE BRÉCY,
émigré de Toulon.

RÉVOLUTION

ROYALISTE

DE TOULON.

EN 1793.

———

QUELQUES personnes ont pu savoir de combien d'horreurs la ville de Toulon avait été le théâtre long-temps avant l'époque des évènemens qui forcèrent ses malheureux habitans à recourir à la protection des escadres des puissances coalisées ; mais il importe à l'honneur de cette ville, il importe à l'honneur national que toute la France en soit instruite.

La marine désorganisée par des factieux ; les chefs de ce corps insultés, poursuivis ; plusieurs d'entr'eux forcés de fuir pour éviter une mort certaine ; quelques-uns massacrés par un parti de séditieux féroces ; les autorités constituées détruites sur de simples soupçons d'aristocratie ; des administrateurs, des citoyens honnêtes inhumainement égorgés ;

(2)

la signature des habitans pour le supplice de leur Roi, arrachée par la menace et la violence ; enfin, une multitude de crimes impunis avait jeté dans l'abattement et dans le découragement, tous les citoyens sans exception.

Tel était l'état des choses, lorsque, dans le cours du mois de mai 1793, les meneurs du club, agens secrets de Robespierre, firent arrêter et enfermer au fort *la Malgue*, sous des prétextes d'aristocratie, cinquante citoyens des plus notables de la ville, les uns anciens nobles, d'autres anciens militaires, tous enfin ou gros propriétaires, ou gens qui avaient manifesté un patriotisme dirigé par la justice et par l'amour de l'ordre et de l'humanité.

Cet acte de violence, hardi et téméraire, excita la plus vive indignation parmi les habitans de toutes les classes, même parmi ceux qu'on appelait vulgairement celle du peuple. On murmurait tout bas, mais on n'osait se prononcer ; quelques citoyens, plus hardis (1), entreprirent de défendre la cause

____

(1) J'étais de ce nombre ; le caractère ferme et décidé que j'avais montré dans plusieurs occasions, et

des détenus, au moins sous le prétexte de l'humanité ; le tableau de leur situation dé-

---

particulièrement à Cette, en ma qualité de commandant de la Garde nationale ; et à Marseille, au moment de ma nomination à la direction des douanes, donna l'idée aux familles des détenus de me prier de prendre leur défense ; je fus vivement sollicité de me rendre au club, pour y demander leur élargissement. Je n'ignorais pas les dangers auxquels m'exposait cette démarche. Cependant, indigné des mauvais traitemens que l'on faisait subir aux prisonniers, je hasardai de me rendre au club ; on m'avait promis que si j'osais parler en leur faveur, je serais fortement appuyé ; j'assistai trois jours de suite aux séances, *incognito* ; enfin le quatrième jour, les vociférations, les motions les plus extravagantes excitèrent mon indignation à un si haut degré, que je me décidai à monter à la tribune ; j'avais dans ma tête une foule d'idées sans suite ; aussi, sans pouvoir me rappeler un seul mot de ce qui me fut sans doute inspiré, je sais seulement que je parlai pendant dix minutes avec tant de force, de véhémence, et probablement de conviction, en osant menacer les clubistes de la suspension de leurs séances, et en concluant enfin à l'élargissement des détenus, qu'il fut décidé, à la presqu'unanimité, qu'ils seraient mis en liberté dès le lendemain. A peine eus-je cessé de parler, que je quittai précipitamment la tribune. Je fus au même instant entouré des familles des prisonniers, qui me regardaient comme leur sauveur. Les uns me sau-

plorable fut présenté avec tant de vérité et d'énergie, que le club décida, à la grande majorité, qu'ils seraient élargis en donnant chacun trois cautions. Rien ne prouva plus à la faction jacobine combien la détention avait été injuste et arbitraire, combien le mécontentement avait été général, que l'empressement que les citoyens des classes inférieures, tels que des artisans et même des journaliers, mirent à se rendre cautions pour les cinquante victimes que les agens de Robespierre avaient fait arrêter, afin de les immoler à la barbarie de celui duquel ils tenaient leur mandat dépopulateur.

---

taient au col, les autres me baisaient les mains, même jusqu'à mes vêtemens ; j'étais ému jusqu'aux larmes, et je n'ai jamais éprouvé, dans tout le cours de ma vie, une jouissance aussi pure et aussi douce. Ce fait est connu de toutes les familles qui existent encore. Je fus, dès le même jour, inscrit avec une *croix rouge* sur la liste des proscrits. Cette liste fut trouvée dans les papiers du club ; je l'ai eue entre mes mains ; j'y étais porté comme *nable et royaliste*, et désigne *pour la guillotine*. On avait découvert que j'étais neveu de deux anciens fermiers généraux ; que j'avais été protégé par la Reine, et surtout que j'avais osé dire publiquement que le jugement du Roi était un assassinat horrible.

(5)

Ce triomphe des bons citoyens ranima leur courage, et bientôt ils se sentirent capables de résister aux jacobins. Déjà toutes les communes du Midi s'étaient érigées en sections, malgré la volonté de la Convention ; déjà les clubs avaient perdu leur crédit et leur autorité. Marseille avait ouvert ses sections (1), et le vrai patriotisme succédé à une fureur anarchique et barbare. Partout l'insurrection s'était manifestée contre un système qui semblait annoncer la destruction de tous les bons principes. Une constitution monstrueuse, faite et adoptée par la terreur, par l'autorité d'une faction qui avait chassé du sein de la Convention une partie de ceux de ses membres qui semblaient alors le plus attachés aux vrais intérêts de la république ; cette consti-

____

(1) Nommé à la direction des douanes à Marseille, en 1792, les clubistes me rejetèrent ; je fus insulté, menacé, et ne dus mon salut qu'à la fuite. Les jacobins avaient nommé à ma place un de leurs confrères, appelé *Martin*. Je fus obligé de donner ma démission. Quelques mois après, Marseille, devenue meilleure, et ayant fermé son club, reconnut et installa à ma place M. Brack, qui m'avait succédé ; Martin fut congédié, et ce fut peu de temps après que je passai à la direction de Toulon.

tution, dis-je, fut envoyée dans les départemens, et presqu'aussitôt rejetée par le plus
grand nombre.

Le département du Var était encore sous
la domination des clubs, et nulle commune
n'osait se constituer en sections ; c'était cependant le plus ardent, mais aussi le plus
secret désir des habitans de Toulon ; et ce
désir n'avait pas échappé à l'œil vigilant des
clubistes. Pour en empêcher le succès, ils
imaginèrent de faire une promenade publique dans toute la ville, escortés et accom-
pagnés des autorités (leur ouvrage), ayant à
leur tête les députés de la Convention. Ils
s'arrêtèrent à chaque coin de rue ; et là, après
avoir fait défense à qui que ce soit de se montrer aux fenêtres, ils firent lire à haute voix
une proclamation qui menaçait *de peine de
mort* tout citoyen qui oserait proposer l'ou-
verture des sections. Mais cette insolente démarche irrita et échauffa tellement les esprits,
que le soir même, comme par un mouvement spontané, chacun se rendit au lieu de
sa section ; on sonna les cloches, et, dans la
même nuit, les sections furent organisées,
les papiers du club saisis, et les principaux
chefs arrêtés et conduits dans ces mêmes pri-

sons où , peu de jours avant , ils avaient en-
fermé tant de victimes.

Cependant les deux commissaires de la
Convention (Bailhe et Beauvais), qui avaient
sanctionné la proclamation des clubistes ,
en marchant à leur tête , osèrent se présenter
dans les sections pour les engager à accepter
la constitution de 1793. Cette démarche in-
sidieuse, qui n'avait d'autre but que de rendre
au parti jacobin toute sa force et l'influence
qu'il venait de perdre , éclaira les sections
sur leur danger. La section de la rue Royale ,
à laquelle j'appartenais, reçut la première la
visite des commissaires ; sur ma proposition,
leur demande fut rejetée à l'unanimité. A
peine éconduits avec la honte d'un refus
ferme et courageux , les conventionnels ha-
sardèrent de se présenter dans les autres sections ; mais la section Royale, n'ayant vu en
eux que des satellites de Robespierre , décida également, à l'unanimité, que la sûreté
de la ville et le succès de la révolution qui
venait de s'opérer exigeaient impérieusement
l'arrestation des commissaires. A cet effet ,
une députation, dont je fus le chef, fut envoyée dans toutes les sections , qui adoptè-
rent cette résolution, et le même soir les

deux commissaires furent arrêtés et consti-
tués (1) prisonniers au fort *la Malgue.*

Cet acte de vigueur une fois exécuté, le
premier soin des sections fut de procéder au
renouvellement de toutes les autorités, dont
les membres avaient été jusqu'alors plus ou
moins les complices et les agens des meneurs
du club.

La garde nationale reçut aussi un nouveau
chef (2). Enfin, tous ceux qui avaient notoi-
rement servi la cause de Robespierre, ou
adopté ses principes, furent destitués de leur
emploi, et tous les jacobins reconnus pour
avoir été chefs et complices des vexations,
vols et meurtres commis à Toulon, furent
arrêtés et emprisonnés.

Il fut institué un nouveau tribunal crimi-

---

(1) Cette arrestation et celle des chefs du club furent faites à trois jours de distance. Elles peuvent être
considérées comme les mesures les plus hardies qui
aient été entreprises dans le cours de la révolution.
Elles auraient décidé du sort de la France, et terminé
ses malheurs à cette époque, si la révolution de Toulon eût eu le succès qu'on devait en attendre.

(2) M. le chevalier Grasset, ancien garde-du-corps,
qui a montré beaucoup de fermeté et un grand dévouement à la cause du Roi.

nel, qui procéda sans délai au jugement des coupables, et bientôt les principaux chefs terminèrent leur vie honteuse et souillée de crimes, sur cette même guillotine où ils avaient fait périr d'innocentes victimes. Cependant, Toulon n'avait plus aucun rapport avec la Convention, l'armée marseillaise *anti-conventionnelle* interceptait toute communication; et, malgré cette apparence d'insurrection, il existait encore dans les provinces méridionales beaucoup de partisans de la république; mais le parti régnant de la Convention ne voulut voir que des coupables, et les habitans de Toulon furent mis *hors la loi*, pour avoir osé secouer le joug de leurs persécuteurs et de leurs bourreaux, pour avoir rejeté une constitution faite par des factieux, dont le chef avait inspiré la terreur à toute la France. Ce décret sévère de la Convention envers les Toulonnais, rendit les sections plus surveillantes, et le comité général, chargé de leurs pouvoirs, redoubla de vigilance pour empêcher la faction jacobine de reprendre son autorité; car, quoique ses chefs fussent arrêtés, ils avaient encore, dans la ville, des partisans puissans et même des complices qui ne perdaient pas l'espoir de rendre à leur

parti toute sa force ; aussi les prisons qui ren-
fermaient les coupables furent-elles mieux
gardées ; et lorsque quelqu'un d'eux était conduit au supplice , c'était toujours avec l'ap-
pareil le plus imposant d'une force armée
considérable.

Silvestre, Pavin, Barthélemy et d'autres
avaient déjà subi la mort due à leurs crimes (1); cet exemple et les précautions
prises pour l'exécution des jugemens, n'em-
pêchèrent pas les factieux d'entreprendre de
ranimer leur parti. Ils conçurent même le
projet téméraire de soustraire au supplice
un de leur plus fameux chefs (Alexis Lambert) (2). Son jugement de mort avait été
prononcé conjointement avec celui de deux
de ses cemplices. Le jour fixé pour l'exécution des trois coupables, quoique la garde
fût doublée, quoique la prudence eût fait
prendre des précautions plus actives que
celles qu'on avait employées pour conduire
à l'échafaud les premiers condamnés, le cor-
tège des trois derniers et la force armée qui

______

(1) Ils avaient tous été condamnés comme auteurs.
et complices de meurtres commis à Toulon.

(2) Sergent de marine.

les accompagnait, furent attaqués presqu'in-
visiblement dans la rue des Chaudronniers :
des coups de fusils furent tirés par les fenêtres ; les condamnés furent retirés des mains
de ceux qui les escortaient, la garde nationale dispersée ; enfin les trois coupables prirent la fuite et cherchèrent à se procurer
des asyles; mais la fermeté des gendarmes (1)
fut telle qu'ils déchargèrent leurs carabines
sur les fugitifs ; un d'eux fut tué et resta sur
place, les deux autres furent seulement blessés ; Alexis Lambert fut suivi à la piste de son
sang, et trouvé dans une maison où il s'était
déjà déguisé en changeant d'habit. Il fut repris de nouveau avec son camarade par les
gendarmes.

Cet acte de fermeté inattendu ôta au parti
secret qui soutenait les coupables, toute es-
pèce de courage ; car malgré le désordre et
le dispersement de la force armée, quoiqu'il
ne fût resté qu'un petit nombre de bons ci-

____

(1) Je regrette de ne pouvoir citer ici les noms des
braves gendarmes qui étaient de service, ainsi que
ceux des habitans qui étaient avec eux : leur fermeté
et celle du chef de la garde nationale méritent les plus
grands éloges.

(12)

toyens pour garder Lambert et son complice,
les factieux ne firent aucune apparition.

Les citoyens de la section royale, qui
étaient de garde au champ de bataille (lieu
ordinaire du supplice), aussi surpris qu'impatiens de ne pas voir arriver les coupables,
me députèrent au lieu du convoi avec M. Perneti (1) : nous trouvâmes la gendarmerie
indécise sur le sort des deux patiens blessés ;
nous levâmes tous les doutes en demandant
l'exécution du jugement. Au même instant
les deux coupables furent conduits avec la
rapidité de l'éclair au lieu du supplice, et
immédiatement exécutés. Avec eux périrent
ou du moins se dissipèrent tous les projets
du parti jacobin, qui, sans l'énergie du commandant de la garde nationale, des gendarmes
et de quelques citoyens hardis et courageux,
aurait repris, dès ce moment, une influence
et une autorité qui auraient été le signal de
nouvelles horreurs et du massacre de tous
les chefs des sections.

Ce triomphe du parti sectionnaire rendit

____

(1) M. Perneti était trésorier de la marine ; sa fermeté comme la mienne, dans cette circonstance, pré-
serva la ville de nouveaux malheurs.

aux bons citoyens leur courage, et leur donna de nouvelles forces. M. le baron d'Imbert, l'un des commandans de l'escadre, qui connaissait depuis long-temps mes principes, s'ouvrit secrètement à moi. Il crut que le moment était venu d'échauffer les esprits, d'exciter les royalistes, et de préparer toutes les dispositions nécessaires au retour de la monarchie. Nous convînmes de diriger tous nos mouvemens dans ce seul esprit.

On continua de juger les autres factieux qui étaient dans les prisons, et chacun d'eux subissait à son tour la peine et le supplice dus à ses crimes. L'ordre et la tranquillité régnaient dans la ville et dans les communes adjacentes, et le département du Var, si long-temps subjugué, concourait enfin, avec les départemens en insurrection, à montrer une énergie qui faisait espérer que la faction de Robespierre ne tarderait pas à être détruite ; mais malheureusement cette faction était puissante, et les armées qui lui étaient dévouées obtinrent des succès : l'armée départementale de Marseille ne tarda pas à éprouver des revers, qui firent craindre que cette ville ne fût bientôt au pouvoir de la Convention et de ses chefs. Pour comble dé malheur, Lyon commençait à perdre, non de son énergie, mais de ses avantages : des armées jacobines, en forces supérieures, furent envoyées contre cette ville, et leurs succès ne tardèrent pas à effrayer toutes les communes qui jusqu'alors avaient montré les mêmes principes, les mêmes sentimens que les malheureux Lyonnais, dont la rébellion contre la Convention fut présumée n'être qu'un royalisme (1) déguisé sous des prétextes de vrai patriotisme, et surtout de résistance à l'anarchie.

Les habitans de Toulon, les royalistes surtout, masquaient aussi leurs projets.

____

(1) Les Lyonnais n'ont jamais cédé qu'à la force ; ils étaient dans le cœur et seront toujours les plus fidèles sujets du Roi. L'étonnant courage qu'ils ont développé sous les ordres de M. de Précy, leur digne et vaillant général, est un sûr garant de leur dévouement. M. le comte Alexis de Noailles, dont la présence comme commissaire du Roi à Lyon a été si utile à la cause du trône, n'a trouvé, dans l'ensemble et la masse des Lyonnais, que d'excellens royalistes.

____

Quoique les événemens du mois de mars 1815 laissent du doute sur les vrais sentimens des Lyonnais, il ne faut pas les juger sans connaître les moyens atroces employés pour séduire la classe du peuple et effrayer les propriétaires.

Les escadres des puissances coalisées
étaient alors en croisière dans les parages de
Marseille et Toulon. Un sentiment presque
unanime inspira le projet d'envoyer un par-
lementaire au commandant anglais, pour lui
exposer la situation de la ville, et lui demander son concours et son assistance. Cette
idée, qui semblait dans l'intérêt de tous,
trouva des opposans. Néanmoins, le vœu
général une fois bien manifesté, le conseil
général s'occupa de son exécution, et un par-
lementaire fut bientôt envoyé à bord de l'a-
miral anglais. La notoriété de cette démarche
donna les plus vives alarmes aux jacobins,
qui tentèrent tous les moyens propres à en
empêcher le succès. Ils mirent dans leur parti
un contre-amiral de la flotte française, nommé
Saint-Julien, qui, dès ce moment, se déclara
rebelle à la volonté générale, et protesta qu'il
ne souffrirait pas que les flottes ennemies en-
trassent dans le port : il cessa de reconnaître
l'autorité de l'amiral Trogoff, commandant
en chef, qui restait à terre à l'effet de se con-
certer avec le comité général pour l'exécution des volontés des sections. De ce moment
Saint-Julien prit le commandement de la
flotte, et les vaisseaux se rangèrent sous ses

ordres. Cependant les députés avaient été reçus à bord de l'amiral anglais ; ils apportèrent pour réponse que l'amiral, touché de la situation critique des Toulonnais, saisirait avec empressement l'occasion de leur fournir tous les secours en son pouvoir, pourvu qu'il reconnût la possibilité de le faire sans compromettre les intérêts de son Roi, et même ceux des habitans de Toulon, par une démarche dont l'issue paraissait encore incertaine ; que néanmoins il désirait qu'il lui fût envoyé de nouveaux députés expressément chargés de traiter avec lui, et d'arrêter les plans et les projets convenables à la circonstance. La joie fut complette et générale, sitôt qu'on entrevit une lueur d'espérance d'échapper aux persécutions de Robespierre et à sa vengeance. On choisit aussitôt des députés; on leur donna les pouvoirs nécessaires, en leur traçant une partie des principales conditions ; et il fut presqu'unanimement convenu que la France se trouvant, dans l'état actuel des choses, sous un régime oppresseur, sans gouvernement, sans constitution, puisque la représentation nationale avait, par le fait, disparu et n'existait plus, il était convenable de revenir à une constitution qui avait été jurée par la nation entière, adoptée par une représentation légale, et sanctionnée par le Roi ; qu'à cet effet il serait offert à l'amiral anglais de lui remettre la ville et port de Toulon et ses dépendances, pour les occuper au nom du Roi légitime de France, avec le régime de la constitution arrêtée par l'assemblée nationale de France, aux années 1789, 90 et 91, etc. Ce plan, dicté par la sagesse, fut adopté, à la majorité des voix, dans les sections, après de longs débats et de longues oppositions (1).

Les troupes de la marine donnèrent, à cette occasion, des preuves de leur ancien attachement à la cause du Roi, et Louis XVII fut unanimement reconnu et proclamé par les sections.

Il ne s'agissait plus que de convertir les équipages de la flotte française, et de les engager à ne point s'opposer au vœu général. Saint-Julien avait rangé ses vaisseaux de ma-

____

(1) Les avis furent long-temps partagés entre le retour pur et simple à la monarchie ancienne et celui à la constitution de 1789 ; mais le dernier parti prévalut : on crut que la politique du moment exigeait de se borner à reconnaître le Roi.

nière à empêcher la sortie comme l'entrée
d'aucune embarcation ; son parti avait pris
de nouvelles forces, et ne voulait point se
rendre à la volonté des sections ; d'un autre
côté, les sections ne voulaient point céder.
Elles se déterminèrent à employer tous les
moyens propres à l'exécution de leur plan ;
elles prirent un parti décisif, et arrêtèrent
que puisque toutes les tentatives et moyens
de conciliation et de persuasion avaient été
vainement employés auprès des vaisseaux
français et de leur chef, la flotte était décla-
rée en état de rébellion contre le vœu général; qu'en conséquence elle serait réduite par
la force; à cet effet, il fut décidé que le commandement du fort de la Grosse-Tour serait
confié à son ancien chef, que les batteries
rouges en seraient chauffées, et les canons
tirés sur la flotte au premier signal, si, après
de nouvelles démarches amicales et de confiance, la flotte ne voulait pas se rendre à la
détermination générale. Conformément à cet
arrêté, de nouveaux députés furent envoyés
à bord des vaisseaux français. Ils représen-
tèrent aux matelots les funestes effets qui ré-
sulteraient infailliblement de leur opiniâtreté
à s'opposer au seul projet qui avait été conçu

pour le bien de tous ; ils leur firent entrevoir les horreurs d'une lutte sanglante et d'une guerre civile entre la flotte et la ville ; leurs femmes, leurs enfans, leurs parens, leurs plus chers amis périssant sous leurs coups, enfin l'engagement terrible d'un combat à mort (1). Malgré cette tentative, honorable pour les sections, le parti Saint-Julien et lui-même persistèrent dans leurs refus, et les députés se retirèrent sans en avoir pu rien obtenir. Cependant le comité général, actif autant qu'infatigable, ne se rebuta point des difficultés qu'il rencontrait à faire parvenir au commandant anglais les députés nommés pour traiter définitivement avec lui ; il en chercha les moyens : le baron d'Imbert les lui suggéra. Investi de pouvoirs illimités, il s'imagina de se rendre, par la ville d'Hyères, à bord du commandant en chef de l'escadre anglaise : ainsi, pendant que les députations auprès de la flotte française étaient infruc-tueuses, celle auprès du brave et digne ami-

---

(1) Je n'ai aucun souvenir des noms des députés. Malgré le peu de succès de leur mission, ils méritent les plus grands éloges pour le zèle et le dévouement qu'ils montrèrent dans cette occasion.

ral anglais promettait le plus flatteur espoir. Déjà on était instruit de la détermination de l'amiral Hood , de soutenir les Toulonnais dans leur projet. On avait mis sous ses yeux la véritable situation de la ville , rien ne lui avait été caché ; il savait qu'il y existait encore un parti puissant de jacobins ; il connaissait la résistance qu'apporterait la flotte française , et la détermination de son chef de tirer ses batteries sur la flotte anglaise , si elle se décidait à entrer dans la rade : ces obstacles ne lui parurent pas suffisans pour refuser de se rendre au vœu des sections , et lorsqu'il fut assuré que les forts de la Malgue et de la Grosse-Tour lui seraient remis , il promit d'entrer dans le port et de courir le hasard (1) des succès , plutôt que d'abandonner une si belle cause.

Cependant les habitans de Toulon éprouvaient les angoisses cruelles de la crainte et de l'incertitude. On venait d'apprendre que l'armée de *Carteaux* était aux portes de Marseille ; que l'armée marseillaise , commandée

____

(1) L'amiral Hood a développé, dans cette circonstance , le plus grand caractère.

par M. de Villeneuve (1), était dispersée et fugitive. D'un autre côté, la flotte rebelle résistait toujours aux sections , et menaçait d'attaquer la ville ; Saint-Julien avait tout disposé pour un combat. Les Toulonnais avaient à leur tour mis en état de défense, et même d'hostilité, les batteries de terre, telles que la batterie royale et celle de la Grosse-Tour ; déjà les batteries rouges de ce fort étaient chauffées, et le commandant n'attendait que le signal convenu pour tirer sur la flotte ; tout annonçait enfin un engagement prochain. On craignait que quelque obstacle imprévu ne s'opposât à l'exécution des promesses faites par l'amiral anglais ; on avait au moins de fortes raisons de croire qu'il n'arriverait pas assez à temps pour empêcher les malheurs d'un combat sanglant entre la ville et la flotte française. Au milieu de ces craintes, on reçut la nouvelle positive de la prise de Marseille (2), et il ne fut plus possible d'en

---

(1) Gentilhomme provençal, bien prononcé contre la Convention.

(2) Cette ville méritait alors un meilleur sort ; elle avait tout fait pour le retour au bon ordre et à la monarchie.

douter, lorsqu'on vit arriver les débris (1) de l'armée de Villeneuve, et un nombre considérable de citoyens de tous les rangs, qui venaient demander retraite (2) et hospitalité aux Toulonnais.

Il est impossible de décrire les anxiétés et les sollicitudes qu'éprouvèrent alors les habitans : chacun courait les rues pour s'informer du véritable état des choses ; la frayeur et l'inquiétude étaient peintes sur tous les visages, la terreur était dans toutes les ames : on craignait que les vents ne contrariassent l'entrée de la flotte anglaise ; on croyait déjà voir l'armée républicaine aux portes de la ville ; les pères, les mères, les enfans, des familles entières montaient sur

---

(1) Les personnes formant les débris de cette armée, sur lesquelles on avait d'abord conçu des soupçons, furent, après examen, reconnues fidèles, et incorporées avec nombre de citoyens, dans des régimens créés pour la défense de la place.

(2) Parmi les fugitifs de Marseille, je m'estimai très-heureux de donner retraite à M. Badon, inspecteur des douanes, dont les brigades réunies en légion avaient fait une si belle résistance contre l'armée de Carteaux. (Plus de quarante furent ou guillotinés ou fusillés.)

les toits des maisons pour chercher à obser-
ver les mouvemens tant de la flotte française
que de la flotte anglaise ; enfin les pavillons
anglais furent aperçus dirigeant leurs mouvemens sur la rade : la nouvelle s'en répandit
bientôt, et les inquiétudes furent en un instant dissipées.

Par surcroît de bonheur, un événement
aussi heureux qu'inattendu opéra un chan-
gement total dans les dispositions de la flotte
française.

Le lieutenant Vankempen, qui comman-
dait la frégate *la Perle*, ayant fait tout-à-coup
déployer ses voiles, vint se ranger du côté
de la ville ; l'amiral Trogoff, qui guettait tous
les mouvemens de la flotte, se fit conduire
immédiatement à bord de cette frégate, et y
arbora son pavillon de commandant. Au même
instant, les autres vaisseaux imitèrent l'exemple de la frégate *la Perle,* et obéirent au commandement de l'amiral. Saint-Julien fut ainsi
en peu de minutes abandonné par toute (1)

------

(1) Saint-Julien avait eu des momens brillans ; il
n'existe plus ; mais il est juste de placer sa bonne conduite à côté de ses erreurs.

Il avait incontestablement des forces et des moyens

cette flotte, qui, le moment d'avant, avait juré de lui obéir. La flotte anglaise entra sans combat et sans nul obstacle dans les port et rade de Toulon.

Ainsi fut encore une fois sauvée des horreurs de l'anarchie cette malheureuse ville qui avait été si souvent le théâtre des scènes les plus sanglantes.

Les sections n'avaient pas attendu l'entrée de l'escadre anglaise pour reconnaître Louis XVII; il avait été proclamé et la cocarde blanche reprise les 23 et 24 août. L'arrivée de l'amiral anglais fut à son tour signalée par la reprise du pavillon blanc (1), et l'on rétablit en même temps tous les signes de la monarchie.

Peu de jours après, la flotte espagnole, commandée par l'amiral *don de Langara*,

---

de résistance supérieurs à ceux de la ville et des habitans, mais la Providence finit toujours par faire triompher la bonne cause.

(1) Le pavillon blanc fut signalé au fort de la Malgue le 27 août, jour de l'entrée de la flotte à Toulon. Ce fut le baron d'Imbert qui, au moment où il fit la remise du fort aux troupes anglaises, arbora ce pavillon, et proclama Louis XVII en présence des troupes françaises et alliées.

entra à Toulon comme secours et renfort pour la flotte anglaise.

Les chefs des deux flottes se concertèrent pour les différens commandemens.

L'administration intérieure , la police et la justice furent exercées au nom du Roi.

Une adresse (1) remplie de sentimens d'amour, de dévouement et de fidélité au Roi et à son auguste famille , fut envoyée à Son Altesse Royale *Monsieur, comte de Provence* oncle de Louis XVII, avec instance et sol-' licitation pressante de venir se constituer Régent du royaume.

Le tribunal criminel continua les procès

____

(1) Comptant sur les sentimens et la fidélité de plusieurs habitans de Montpellier et Cette, dont je connaissais les principes, je leur envoyai par mer un paquet d'exemplaires de cette adresse ; j'avais pris des précautions pour qu'il fût remis sûrement et secrètement ; mais il fut découvert, et nombre de mes amis et de mes parens furent emprisonnés : heureusement on ne fit de victimes d'aucun d'eux ; je n'en ai pas moins long-temps regretté d'avoir été la cause des inquiétudes affreuses qu'ils ont éprouvées dans leur prison. On épargna ma respectable mère, à cause de son grand âge ; elle fut seulement mise en surveillance, et conduite, peu de temps après, à Saint-Germain, comme noble et veuve d'un ancien échevin de Paris.

des révolutionnaires qui étaient dans les prisons ; la guillotine fut supprimée, et l'ancien supplice, la potence, fut rétablie.

Toulon présenta bientôt l'aspect d'une ville de guerre en état de siége ; l'armée de Carteaux était venue prendre des positions aux approches de Toulon. Des camps, des forts furent établis pour assiéger la ville ; les alliés soutenaient et repoussaient jour et nuit, avec honneur, les attaques continuelles des républicains ; le plus grand nombre des royalistes avait été incorporé dans des régimens, les autres servaient comme volontaires. J'étais du nombre de ces derniers, en qualité de capitaine à la suite de l'armée. Nous donnions à presque toutes les sorties faites contre les ennemis.

Le roi d'Angleterre, instruit de l'occupation de Toulon par ses armées, en concurrence avec les Espagnols, envoya des renforts et en sollicita tant auprès du roi de Naples que du roi de Sardaigne. Les généraux anglais Mulgrave (1) et O'hara arrivè-

____

(1) J'eus l'honneur de loger chez moi le général lord Mulgrave, seigneur aussi affable que brave ; j'ai reçu de lui l'accueil le plus flatteur pendant mon séjour à Londres.

rent à Toulon ; l'amiral Goodall fut gouverneur de la ville , et le chevalier Elliot (1) ,
(devenu depuis lord Minto) fut envoyé comme
ministre plénipotentiaire. Les Espagnols
avaient pour chef des troupes de terre le
général don de Gravina , officier du plus
grand mérite ; la flotte anglaise était composée d'officiers valeureux (2) , qui souvent
faisaient le service de terre. Des troupes Pié-
montaises et Napolitaines vinrent enfin ren-
forcer la garnison de Toulon, qui devint im-
posante.

L'armée révolutionnaire s'était aussi con-
sidérablement augmentée ; mais les troupes
alliées déjouaient toutes les tentatives hasar-
dées par les républicains pour se rendre
maîtres de la ville : les chefs des alliés don-
naient l'exemple de la valeur aux soldats ;

____

(1) L'amiral Goodal et le chevalier Elliot étaient
deux Anglais de distinction , et d'un rare mérite. Je
conserve précieusement les certificats honorables qu'ils
m'ont donnés , et qui sont à la suite de ce précis, avec
celui de l'amiral Parker.

(2) L'amiral Hyde Parker , les capitaines Young,
Nelson (le fameux Nelson) , Freemante , Foley,
Hood , et tant d'autres , étaient alors commandans de
vaisseaux et de frégates.

le général O'hara conçut l'entreprise hardie d'aller prendre une batterie formidable qui faisait beaucoup de mal aux redoutes protégeant Toulon, et sa trop vaillante témérité fut cause qu'il fut fait prisonnier. Le général lord Mulgrave ne développa pas moins d'intrépidité, ainsi que le général Gravina. Le 1er. novembre, les troupes républicaines s'étaient emparées, comme par magie, de la redoute du fort *Pharon*. A peine en est-on instruit, que la générale est battue. Gravina et Mulgrave (1) se mettent à la tête chacun d'une colonne de leurs troupes ; le fort est repris en moins de deux heures ; six cents républicains faits prisonniers, et plus de douze cents culbutés derrière la montagne. Gravina reçut une blessure à la jambe ; j'étais à ses côtés. Cette victoire glorieuse, et dont toute la ville avait été témoin, fit de ce jour un jour de fête.

Les sections nommèrent, le lendemain, des députés pour aller complimenter les chefs et généraux des puissances alliées ;

---

(1) Lord Mulgrave a chez lui, à Londres, un beau tableau dans lequel il est représenté en pied, marchant à la tête de sa colonne sur le fort Pharon.

j'eus l'honneur d'être mis à la tête de la députation (1). Tout semblait annoncer que les
alliés se maintiendraient long-temps dans la
possession de la ville ; mais les jacobins en-
tretenaient toujours des intelligences inté-
rieures et extérieures , et s'occupaient sans
cesse des moyens de contrarier la révolution
royaliste : ils parvinrent à exciter la jalousie
des Espagnols contre les Anglais ; de là des
querelles, des combats singuliers , et la perte
d'une quantité de braves soldats pour une
cause étrangère à la cause commune. Le roi
d'Angleterre fut instruit de cette mésintelli-
gence ; les républicains en eurent connaissance , ils redoublèrent leurs attaques. Les
troupes alliées et les troupes françaises firent
des prodiges de valeur, surtout à la prise du
grand camp. La perte de l'ennemi fut incal-

(1) L'adresse est rapportée à la fin de ce précis ; lord
Mulgrave en garde la copie dans ses archives , comme
un témoignage précieux de l'estime et de l'affection
des Toulonnais. Elle valut au général Gravina sa pro-
motion au grade de lieutenant-général. La croix de
Saint-Louis me fut promise par ce commandant en
chef, qui devait la demander au Roi à son arrivée à
Toulon , pour récompense des dangers que j'avais
partagés. (Voir la pièce A.)

culable : mais comme il reparaissait sans cesse avec de nouvelles troupes , il resta maître du champ de bataille ; les alliés ne pouvant résister au nombre , se retirèrent sur la ville avec des pertes considérables ; bientôt on parla de la possibilité d'une évacuation.

Cependant S. A. R. MONSIEUR , oncle du roi , cédant au vœu des Toulonnais , s'était mis en route du fond de l'Allemagne pour se rendre à Toulon ; mais par une fatalité attachée au sort de la France , l'évacuation de Toulon fut résolue avant l'arrivée du meilleur et du plus sage des princes. Je ne chercherai point à pénétrer les motifs qui purent décider les alliés à abandonner une si belle cause : je dirai seulement que quelques esprits turbulens contrariaient et enchaînaient les bonnes intentions des chefs, et que c'est dans l'éspoir de détruire toute l'influence de ce parti ambitieux , que M. le baron d'Imbert et moi nous demandâmes la fermeture des sections et le retour entier et complet à toutes les formes administratives du gouvernement monarchique ; mais nos espérances furent déçues.

Le général anglais Dundas, de concert

avec les chefs des escadres combinées , et le chevalier Elliot arrêta des dispositions né-cessaires pour faire une retraite sûre : les habitans et leurs fortunes devaient être pro-tégés, et il fut donné l'assurance que l'éva-cuation se ferait avec ordre , calme et mé-thode. Mais le 17, dans la nuit , la frayeur s'empara de tous les esprits : on s'était aperçu des préparatifs de retraite des Napolitains et des Espagnols ; dès cet instant chacun cher-cha son salut dans la fuite : le port fut en un moment comblé des caisses, malles et effets des citoyens ; toutes les tartanes, les bâti-mens, les chaloupes, loués à grands frais pour emmener les habitans et leur fortune. Plusieurs, trop saisis par la frayeur, périrent en s'embarquant ; d'autres furent obligés de rester, faute d'embarcation. Le port présen-tait le tableau le plus désastreux. D'un côté c'étaient des malades ou des blessés que les alliés embarquaient ; de l'autre, des munitions de guerre et des vivres ; ici des citoyens sans fortune, des gens de campagne, des artisans, des domestiques, même des deux sexes, tous également effrayés du sort qui les atten-dait, et qui préféraient la fuite à la crainte d'une mort inévitable : là des cris, des

pleurs, des mouvemens de désespoir, exci-
taient à chaque pas la douleur et les regrets.
La nuit vint encore ajouter à l'horreur de
ces momens. Sur les cinq heures du soir de
la journée du 18, tous ceux qui avaient perdu
l'espoir de la fuite, jetaient des gémissemens
affreux, et désespéraient de leur salut (1).
Déjà les galériens avaient rompu leurs chaînes :
les troupes alliées, qui étaient en pleine retraite, ne pouvaient plus exercer la police ;

---

(1) Le mien fut véritablement un miracle. Quelque
digne d'intérêt et de curiosité que puisse en être le
récit, je le supprime, parce que les détails en sont
très-longs et presqu'incroyables. Je me bornerai à dire
qu'obligé d'abandonner tout ce que j'avais préparé
pour ma fuite, n'ayant plus que ma personne à sauver,
et n'en apercevant pas la possibilité, le désespoir com-
mença à s'emparer de moi, et je me sentis disposé au
parti le plus violent. Ce parti fut tel, qu'après avoir
forcé plusieurs sentinelles, après avoir mis l'épée à la
main contre un officier de marine, je sautai dans un
canot, d'où personne n'osa entreprendre de me faire
sortir ; je fus ainsi conduit à bord du vaisseau amiral,
à travers les boulets et les balles qui sifflaient de toute
part. Je vis, le lendemain, l'officier à qui j'avais fait
violence : il m'avoua que je lui avais apparu dans un
état d'égarement et de désespoir tel, qu'il avait pris
sur lui de passer par-dessus ses ordres et sa consigne.

de là tant de brigandages, de vols et d'assas-
sinats impunis. Cependant les flottes alliées
avaient quitté le port, et s'étaient mises au
mouillage en grande rade. Chaque vaisseau des
deux flottes avait donné asile à autant d'é-
migrés qu'il en pouvait recevoir ; les amiraux
Hood et Don de Langara donnèrent l'exemple ; la chambre du conseil de l'amiral anglais, à bord duquel je fus reçu, servit elle
seule à donner l'hospitalité à dix ménages,
formant au moins trente personnes, femmes
et enfans compris, et les trois ponts du vaisseau furent remplis de fugitifs.

Dans le cours de cette nuit cruelle, il fal-
lut encore que le peu de sommeil dont com-
mençaient à jouir les êtres les plus faibles,
fût interrompu par le bruit de l'explosion de
plusieurs poudrières que les alliés firent sau-
ter, pour ne pas les laisser à la disposition
des républicains.

Le lendemain 19, l'amiral anglais se con-
certa avec le chevalier Elliot sur les moyens
d'assurer retraite aux fugitifs de Toulon.
Les uns préférèrent d'aller en Espagne ;
d'autres furent conduits immédiatement en
Angleterre, sur les vaisseaux français que
les Anglais avaient sauvés ; le reste fut dis-

persé à Livourne , l'ile d'Elbe , Naples et Oneille. Presque tous enfin reçurent des consolations et des secours particuliers de plusieurs officiers de l'escadre (1).

Ainsi finit cette révolution, dont la cause si glorieuse méritait une meilleure issue ; mais il était dit que la France était réservée à de nouveaux malheurs.

On a appris depuis que les Français qui étaient restés à Toulon, avaient éprouvé toutes les horreurs révolutionnaires, et péri, en grand nombre, victimes de la rage et de la vengeance de la Convention (2).

---

(1) Les amiraux Hood, Goodal et Parker , le chevalier Elliot, les capitaines Man , Nelson, Freemantle, Foley, et tant d'autres dont j'ai oublié les noms, firent les offres les plus généreuses aux fugitifs.

(2) C'est ici le lieu de placer la note et les vers ci-dessous : ils sont extraits du troisième chant du poëme de la *Pitié* :

> Que dis-je, au premier coup du foudroyant orage,
> Quelque coupable encor peut-être est échappé,
> Annonce le pardon ; et, par l'espoir trompé,
> Si quelque malheureux en tremblant se relève,
> Que la foudre redouble, et que le fer achève !

Après le siége de Toulon , un grand nombre de citoyens de cette ville furent réunis sur une place. Les ordres furent donnés pour tirer sur eux à mitraille ;

Les fugitifs de Toulon ont eu le bonheur de trouver des consolations et des dédommagemens dans la générosité des puissances alliées. En Espagne, à Naples, en Angleterre (1), ils ont reçu des secours pour eux et leur famille.

Quant à moi, immédiatement après l'évacuation de Toulon, je restai embarqué sur le vaisseau anglais le Saint-George, sur lequel je fis plusieurs croisières périlleuses sur la Méditerranée. Enfin, après quelque séjour à Livourne, Pise et Florence, je voulus présenter mes hommages au Roi : Louis XVII n'existait plus : son Altesse Royale MONSIEUR, comte de Provence, était Roi de France sous

---

un membre de la Convention, qui assistait à cette terrible exécution, se promena froidement sur le champ de mort ; et s'étant aperçu que quelques-unes des victimes avaient échappé à la mitraille, il s'écria tout haut : *Que ceux qui ne sont pas morts se relèvent, la république leur pardonne.* Quelques-uns de ces malheureux se relevèrent en effet, et l'ordre fut donné de les fusiller. La même scène, à quelques circonstances près, s'est répétée à Lyon.

(1) Le gouvernement anglais payait en outre tous les secours accordés aux fugitifs réfugiés à Livourne, l'île d'Elbe et la Corse.

le nom de Louis XVIII. Sa Majesté était à Véronne. J'arrive dans cette ville à la fin de 1795 : je trouve en service auprès du Roi M. le duc de Duras (1), premier gentil-homme de la chambre, que j'avais eu l'honneur de connaître dans sa jeunesse , seigneur autant illustre par sa naissance que par la fidélité de ses pères et la sienne à la cause du Roi ; j'en fus accueilli avec cet intérêt que devait éprouver un homme qui avait tout sacrifié pour le trône. J'eus le bonheur de voir le Roi, et je reçus de Sa Majesté des assurances de sa protection et de son souvenir de mes services ; je pris ses ordres pour l'Angleterre , et je fus chargé de ses dépêches pour son auguste frère et pour M. le duc d'Harcourt. Je traversai le Tyrol et toute l'Allemagne , j'arrivai enfin à Hambourg, où je m'embarquai pour Londres. Présenté à Son Altesse Royale MONSIEUR, comte d'Ar-

---

(1) C'est aussi par M. le duc de Duras, en l'absence de M. le duc d'Aumont, que j'ai eu l'honneur d'être présenté à Sa Majesté depuis son retour en France, le 13 juin 1814. M. le duc d'Aumont ayant pris le service, je me suis présenté plusieurs fois aux audiences du Roi , sous les auspices de ce seigneur, aussi affable qu'obligeant.

tois, par M. le duc de Maillé (1), sous les auspices de M. de Balainvilliers (2) et de M. l'évêque d'Arras, j'éprouvai de cet aimable prince cet accueil et cet intérêt qui ont été la consolation des émigrés dans leur malheur, et particulièrement la mienne. J'ai dû aux bontés du prince et à ses recommandations, une pension honorable (3) et suffisante à mes

---

(1) M. le duc de Maillé a mis, en Angleterre, la plus grande obligeance à faire participer les émigrés aux bontés et aux grâces de Son Altesse Royale ; et c'est encore aujourd'hui la plus douce jouissance de ce seigneur plein d'affabilité.

(2) Ancien intendant du Languedoc, que j'avais eu l'honneur de connaître à Montpellier, et qui fut sur le point d'être une des premières victimes de la révolution qui se préparait en 1789. M. de Balainvilliers vint à Cette, pour appaiser les esprits révoltés de la cherté du pain ; on lui en attribua la faute. Le peuple s'ameuta, pilla la maison du maire. Je fus assez heureux pour être du nombre de ceux qui contribuèrent à sauver cet intendant, si justement honoré aujourd'hui de la confiance de Son Altesse Royale, dont il est le chancelier.

(3) Je dois ici hommage au zèle que mit le généreux défenseur des émigrés, M. le comte de Lally, mon ancien camarade de collége, à m'être utile auprès de M. Pitt, par le crédit de M. Boyd.

besoins J'avais appris la langue anglaise, j'y avais fait des progrès qui me servirent à être plusieurs fois employé, par ordre de Son Altesse Royale, par M. l'évêque d'Arras, à la traduction des mémoires, en français, destinés à être présentés à M. Pitt par des émigrés, pour pension ou augmentation de secours ou traitemens, et qui devaient ensuite être apostillés par Son Altesse Royale. J'ai été d'ailleurs utilement (1) et honorablement employé à Londres, comme bibliothécaire d'un généreux Anglais, à mettre en ordre une bibliothèque de quarante mille volu-

---

(1) Pourquoi ne ferais-je pas l'aveu de mes occupations, lorsque tant d'émigrés de distinction ont honoré les différens travaux auxquels ils ont été forcés par le besoin de leurs familles ? Qui ne sait le prix glorieux qu'attache M. le comte de Caumont à la mention honorable que M. l'abbé Delille a faite de son état de *relieur* à Londres ; état si noblement illustré par les quatre vers suivans, dans le poëme de la *Pitié* ?

> Que dis-je ? ce poëme où je peins vos misères,
> Doit le jour à des mains noblement mercenaires ;
> De son vêtement d'or, un Caumont l'embellit,
> Et de son luxe heureux mon art s'enorgueillit.

M. de Caumont faisait un noble usage de ses bénéfices.

mes (1), et à en faire un dictionnaire alphabétique.

Ce travail, extrêmement long, m'a occupé plusieurs années, et c'est à lui, ainsi qu'à mon goût bien connu pour la déclamation (1) et la lecture, que je dois les jours paisibles que j'ai passés en Angleterre. J'ai trouvé aussi un délassement précieux dans la société douce et aimable, ainsi que dans la conversation aussi instructive qu'intéressante de ce digne Anglais, que je ne veux plus tarder de nom-

---

(1) Dans ces quarante mille volumes il y en avait sept ou huit mille en langue française : mon généreux Anglais les laissa à ma disposition, et m'invita à les prêter aux émigrés ; ce qui fut, pour eux comme pour moi, une grande jouissance.

(2) M. l'abbé Delille ayant témoigné au chevalier de Bois-Landry, émigré, notre ami commun, le désir de m'entendre, je fis connaissance avec cet aimable poëte, qui prit plus d'une fois plaisir à me faire lire avec lui, même ses propres vers. Encouragé par son suffrage, j'eus chez moi des soirées de lecture auxquelles assistait la meilleure compagnie de l'émigration, tant en hommes qu'en femmes. Mes lectures ont été honorées de la présence de Son Altesse Sérénissime Monseigneur le duc de Bourbon, qui m'a donné des témoignages de sa satisfaction.

mer (M. John Symmons (1)). Il a été connu de beaucoup d'émigrés par sa libéralité, son caractère affable, ses attentions peu communes (2) envers les Français, et je n'oublierai jamais sa bienfaisance délicate envers moi, et surtout l'amitié vraie dont il m'a comblé jusqu'à ce jour.

————

On annonce un décret du gouvernement français, portant amnistie pour fait d'émigration, donnant à chacun la faculté de ren-

————

(1) M. John Symmons, membre de l'Académie royale et de beaucoup d'autres sociétés savantes, avait une grande fortune, dont il faisait un noble usage.

(2) *Trait remarquable.*

Un jour, donnant à dîner chez lui à plusieurs émigrés, le marquis de Chabert, le marquis de Thiboutot et beaucoup d'autres (je faisais, conjointement avec lui, les honneurs de sa table), il fit apporter au dessert un plat de vermeil, couvert de jetons du trésor royal, qui portaient la ressemblance frappante de l'infortuné Louis XVI. Il dit à tous : « Messieurs, je con- » nais votre amour pour votre Roi; comme vous, je » respecte aussi sa mémoire ; honorez-la, honorez- » moi en acceptant de ma main cette ressemblance si » chère aux bons Français. » Nous fûmes tous atten- » dris, et nous prîmes chacun un jeton, sur lequel nous » portâmes nos lèvres avec respect et effusion.

trer dans sa patrie. Déjà plusieurs émigrés de marque ont quitté l'Angleterre avec le consentement du prince qui représente à Londres Louis XVIII.

Les uns ont à revoir, après de longues années d'absence, des enfans chéris, d'autres un père ou une tendre mère, presque tous enfin de grands intérêts à discuter pour le soutien de leur famille. Cependant, fidèles au Roi, fidèles à sa cause, presqu'aucun émigré ne rentre en France sans en obtenir la permission de Son Altesse Royale Monsieur, le comte d'Artois. Les sentimens dus au souverain et aux Bourbons, ceux dus aux liens du sang, se combattent tour-à-tour et se balancent. Enfin le digne et royal prince, attendri, lève tous les obstacles, dissipe les inquiétudes, rassure celui qui vient en tremblant et les larmes aux yeux lui faire encore une fois l'hommage de son respect et de son dévouement : il adresse à tous ces paroles touchantes : « Allez en France ; vous avez » assez long-temps vécu privés de vos affec- » tions les plus chères. Rentrés dans le sein » de vos familles, je ne vous demande que » de conserver dans votre cœur fidélité au » Roi et attachement à moi-même. »

Je viens de les entendre ces paroles pleines de bontés! Entraîné, comme mes compagnons d'émigration, par le besoin de revoir ma famille, je vais retourner en France; j'appellerai sur le Roi, sur son auguste frere et la famille royale, la bénédiction de Dieu, en faisant des vœux constans pour leur bonheur, et surtout pour la restitution du trône à l'auguste famille des Bourbons.

Je confie le présent manuscrit aux soins de M. John Symmons, qui demeure à Paddington, et qui est mon ami de confiance; je lui laisse aussi tous mes papiers de famille et d'affaires en un paquet qui sera cacheté de mes armes, avec prières instante de ne jamais l'envoyer en France sous aucun prétexte, sans en avoir reçu de moi une invitation expresse.

Fait à Londres, chez M. John Symmons, esq. à Paddington-House, 1er. août 1802.

Signé, GAUTHIER DE BRÉCY,

Emigré Français.

---

(1) Ce manuscrit, ainsi que le paquet qui le contenait, vient de m'être apporté d'Angleterre par un digne ecclésiastique de mes amis, qui est constamment resté à Londres, et qui, tant que j'y étais, a partagé

Paris, 5 septembre 1814.

On peut ajouter foi entière à ce récit ; je n'ai rien voulu y changer ; il est tel que je l'ai rédigé en 1802, à Londres, tel que ma mémoire me l'a dicté, tel enfin qu'il vient de m'être renvoyé par l'excellent ami dont j'ai signalé le noble caractère et la bienfaisance.

Je dirai cependant, avec vérité, que j'ai omis bien des détails dont plusieurs émigrés de Toulon m'ont tout récemment fait apercevoir l'oubli ; mais acteur autant que témoin d'événemens auxquels toutes mes facultés morales et physiques ont eu autant de part, il ne paraîtra pas étonnant que ma mémoire ait conservé de préférence le souvenir de ce qui m'était devenu plus personnel ; j'en ai parlé d'abord parce que les faits particuliers étaient liés aux événemens généraux auxquels j'ai si fortement contribué, ensuite parce que j'ai toujours regardé comme un soulagement à mes maux la satisfaction de me retracer à moi-même tout ce qu'il y a eu d'honorable dans ma conduite ; et c'est encore aujourd'hui ma plus douce consolation, lorsque je songe

---

avec moi les égards et les attentions de **M.** John Symmons.

à nos malheurs passés. Mes pertes, les sacrifices que j'ai faits et les dangers que j'ai cou-
rus devaient avoir une compensation.

J'invite donc les personnes que les détails
que j'ai oubliés peuvent intéresser, à s'adres-
ser à M. le baron d'Imbert, qui s'occupe d'un
ouvrage plus considérable sur les événemens
et sur le siége de Toulon.

Je publie mon manuscrit sur l'invitation
de plusieurs personnes de marque auxquelles
j'en ai fait lecture, et qui ont pensé qu'il serait utile à l'histoire d'un événement dont
les détails et les causes n'ont jamais été bien
connus.

Louis XVIII, si fortement appelé par les
Toulonnais en 1793, si long-temps désiré par
tous les bons Français, est enfin rétabli, après
de longs malheurs, sur le trône de ses pères.
L'excellente mémoire de Sa Majesté lui re-
trace à chaque instant les titres et les droits
acquits à son amour.

Le Roi a dit tout récemment, à une députation de Toulon :

« Je sais à travers combien de dangers vous
» avez montré votre fidélité à mon neveu ; il
» n'a pas tenu à moi de les empêcher ou de
» les partager. Vous m'avez appelé dans vos

» murs, je me suis mis en route pour me
» rendre à vos désirs ; mais lorsque je suis
» entré en Italie, il n'était plus temps d'ar-
» river jusqu'à vous (1). Vous pouvez comp-
» ter sur ma protection particulière. ».

Que de sentimens sont renfermés dans ces paroles pleines de bonté !

Toulonnais, Français, que tous les sujets de Louis XVIII, sans exception, soient pleins de confiance dans les promesses d'un si bon Roi.

Le vœu général est enfin réalisé. Le trône des Bourbons brille aujourd'hui d'un nouvel éclat. A côté d'un bon Roi siégent les grâces, la vertu, la candeur de madame la duchesse d'Angoulême, de cette auguste princesse qui a tant de droits à l'amour des Français. Son Altesse Royale MONSIEUR offre, dans l'ensemble de toute sa personne, les traits et la représentation d'un prince aussi bon que valeureux. Enfin, ses augustes enfans, Leurs Altesses Royales le duc d'Angoulême et le duc de Berri, font l'admiration de la jeunesse française, comme ils en sont l'espoir. Il y a

____

(1) Son Altesse Royale monsieur le comte de Provence venait d'apprendre l'évacuation de Toulon.

du bonheur et des consolations pour tous les âges, dans la présence de la famille royale, depuis le chef de l'Etat jusqu'à ses neveux ; et l'auguste famille réunie, forme enfin le plus intéressant tableau qui puisse être présenté à l'œil des Français.

Quel est, en effet, celui qui, ayant vu la réunion de Sa Majesté au grand couvert avec son auguste famille, et surtout à la fête de l'Hôtel-de-Ville, n'a pas éprouvé des jouissances inapprécipbles ?.

Le 29 août, dans les salles de l'Hôtel-de-Ville, les acclamations de *vive le Roi ! vive notre bon Roi ! vive la famille Royale !* n'ont été suspendues que le temps nécessairement consacré d'abord au respect, ensuite à la jouissance des divertissemens préparés pour l'auguste famille. Le Roi semblait entouré de ses enfans, et chacun, sans exception, a cru voir en lui le meilleur des pères.

Depuis vingt-cinq ans on ne peut citer un élan public aussi vrai, un enthousiasme aussi vif et aussi réel de dévouement au Souverain; le contentement et le bonheur étaient peints sur toutes les figures ; j'oserai dire même sur celle du Roi.

Qui ne connaît sa bonté, sa sollicitude,

celle de son auguste frère , celle enfin de tous les Bourbons, pour le bonheur de la France! Cette sollicitude se subdivise à l'infini.

L'armée, la magistrature , tous les états; les royalistes restés en France, ceux qui, dans l'intérieur (1), ont gémi de l'absence du Roi, les émigrés qui l'en ont consolé au dehors, tous les Français enfin, sont déjà traités comme les enfans d'un même père.

Toutes les intentions du Roi, toutes ses mesures l'annoncent ainsi; ces mesures sont la preuve et le résultat de son génie, de sa sagesse, de sa bonté , et de cette longue expérience acquise à l'école des revers , dont la divine Providence a long-temps affligé la France.

Ses revers , ses malheurs sont finis; attendons le rétablissement complet du bonheur de tous (2), de quelques momens encore, et surtout de notre résignation à toutes les vo-

---

(1) Cette distinction, aussi délicate que vraie, n'est pas de moi ; elle appartient à un ministre distingué (monseigneur le Grand-Chancelier de France), si justement honoré de la confiance du Roi.

(2) *Je dis du bonheur de tous* , parce que je connais dans la société, même parmi les émigrés, non des

lontés , du digne héritier des vertus et du trône du bon et grand Henri.

---

plaignans , mais des impatiens. Chacun aujourd'hui voyant sûreté et bonheur sous un bon Roi, sous un Bourbon, veut avoir de l'emploi ou des honneurs ; alors je leur dis à tous : « Comment est-il possible que » les ministres, honorés de la confiance du Roi, » puissent, à la même époque et dans le même temps, » accorder justice et faveur à tous ceux qui y ont droit ? » Attendez donc, et prenez patience. »

Paris, *le* 3 *février* 1816.

C'est en prenant patience , et depuis la première édition de cette brochure, que j'ai obtenu de Sa Majesté, en 1814 (ainsi que je l'ai dit dans une de mes notes), l'honneur d'appartenir à son auguste Personne en qualité de lecteur de son cabinet. J'ai considéré cet acte de la bienveillance du Roi moins comme une indemnité de charges dans la Maison de la Reine, dont la propriété appartenait à ma famille, que comme la récompense de ma fidélité et de mon dévouement en 1793. On a vu qu'à cette époque, après avoir été vingt fois sous le glaive révolutionnaire, après avoir couru, comme officier dans l'Armée Royale, les hasards et les dangers de la campagne et du siége de Toulon, je fus obligé d'émigrer, abandonnant une des premières places administratives à la résidence de cette ville, ainsi que la fortune et l'existence marquante dont je jouissais.

Il me sera permis de dire et d'ajouter au rappel de

ces anciens sacrifices, de ces vieux titres de gloire
pour moi-même et ma famille, que, toujours constant
dans mes principes, dans mes vieux préjugés, j'ai été
en 1814 et 1815, ce que j'avais été en 1793, fidèle
au Roi, fidèle au Trône légitime.

Quoique rangé dans l'ordre de la noblesse par le
droit de mes pères, quoique destiné dans l'émigration à
suivre une toute autre carrière que celle des finances,
j'y ai repris mes anciens droits à mon retour en France,
dans l'espoir de réparer ma fortune. J'étais, en 1814,
receveur général des douanes à Lyon, place compa-
tible avec celle de lecteur du cabinet du Roi, et valant
plus de 30,000 francs. Lorsqu'à la résurrection de
l'homme qui était censé mort pour les bons Français,
lorsqu'à l'apparition nouvelle de l'usurpateur, au mois
de mars 1815, la plus honteuse défection força Son
Altesse Royale Monsieur de quitter la ville de Lyon,
je n'hésitai pas à suivre l'auguste Prince, à tout
abandonner, pour aller à Paris me ranger au
nombre des défenseurs du Roi. Aucune considération,
aucune réflexion sur la perte de mon état et de ma
fortune ne fut capable de m'arrêter dans la résolution
que j'avais prise de rester fidèle à Sa Majesté. Je
consigne ici l'attestation honorable que j'ai reçue de
MM. les députés du département du Rhône, quoi
qu'elle ne présente que succinctement mes titres à une
juste indemnité de mes nouveaux sacrifices; elle est
suffisante pour fixer l'attention du Roi. Déjà les ministres de Sa Majesté ont reconnu que la privation
gratuite de ma part d'une place de 30,000 francs, était
un droit à cette indemnité que je réclame, en atten-

(50)

dant les occasions et la possibilité de l'obtenir. Je sers
le Roi avec ce zèle pur , ce dévouement sans bornes,
dont le concours unanime est si nécessaire à la stabilité du trône , et conséquemment au bonheur public.

Attestation de MM. les Députés du département du Rhône.

Les Députés du département du Rhône à la Chambre des
Députés déclarent :

Que M. Gauthier de Brécy est arrivé à Lyon , précédé de
la bonne réputation acquise au dévoûment et à la fidélité. Il
en avait donné des preuves pendant et après le siège de Toulon;

Qu'il a ajouté à sa réputation de loyauté pendant qu'il a été
Receveur général des douanes, ayant rempli les devoirs de sa
place avec autant d'honneur que d'intégrité ;

Qu'au moment de l'invasion première des armées alliées, il
a sauvé au Trésor une somme importante, et l'a soustraite au
sequestre de l'intendant général de l'armée autrichienne , ap-
portant lui-même à Paris sa caisse et son portefeuille ;

Qu'au retour de Bonaparte, il a quitté Lyon pour suivre
Monsieur, frère du Roi, et a renoncé à sa place sans regarder
à ce sacrifice ni à ceux dont la vente de son mobilier et d'une
maison de campagne devaient être la source ;

Qu'une conduite aussi généreuse, venant à l'appui de celle
qu'il avait constamment tenue , l'a rendu cher à tous les bons
serviteurs du Roi, et lui a mérité leur vif intérêt et leur estime.

Les Députés du Rhône croient donc faire un acte de justice,
en recommandant à la bienveillante protection des Ministres
de Sa Majesté, les demandes que M. Gauthier de Brécy leur
adresse à titre d'indemnité ou de récompense.

Fait double à Paris , le 30 Décembre 1815.

Signé, le comte DEFARGUES, MAGNEVAL, le comte d'ALBON,
Alexis de NOAILLES, DE COTTON.

(Pièce A.) *Adresse de félicitations aux géné-raux des Puissances alliées, sur la victoire du 1er. novembre 1793, au fort Pharon.*

DIGNES et valeureux chefs d'intrépides soldats, les habitans de Toulon, aussi reconnaissans de vos bien-faits que justes appréciateurs de vos vertus politiques et guerrières viennent vous présenter leurs hommages. Ils ne perdront jamais le souvenir de cette journée mémorable, où, ralliés par votre protection sous les drapeaux de la monarchie, ils ont juré fidélité à leur Roi ; ils n'oublieront jamais cette journée glorieuse où ils ont vu tomber, sous vos armes protectrices, les odieux satellites des tyrans de la France, destructeurs audacieux de l'ordre et de la félicité publique.

Généreux guerriers, des fêtes triomphales, des tro-phées glorieux sont dus à votre valeur et à celle de vos soldats ; mais nous les réservons pour ces momens heureux où chacun de vous pourra jouir du spectacle attendrissant de la reconnaissance et de la joie générale de nos familles.

Recevez, en attendant, ce laurier (1) ; toujours il fut le prix de la victoire.

Cet hommage, simple et modeste, convient à des guerriers qui combattent encore plus pour l'humanité que pour la gloire.

Signé, GAUTHIER DE BRÉCY (2), GASTON, SIMONY, D'AMBLARD, etc.

---

(1) Il avait été convenu qu'en complimentant les généraux, je leur offrirais à chacun une branche de laurier.

(2) La députation était composée de dix-huit membres des sections ; mais j'ai oublié presque tous les noms de mes col-lègues.

(Pièce B.) *Pièces et certificats.*

Premier certificat du gouverneur anglais à Toulon.

Nous, contre-amiral de l'escadre de S. M. Britan-
nique dans la Méditerranée, certifions que M. Charles-
Edme Gauthier de Brécy était directeur des douanes
du Roi, lorsque j'ai pris possession du gouvernement
de la ville de Toulon, et qu'il a donné, pendant tout
le temps de mon administration, des preuves cons-
tantes de son attachement à la cause de la révolution
toulonnaise et au royalisme.

En foi de quoi, nous lui avons accordé le présent
certificat, comme capitaine à la suite de l'armée.

Fait en rade des îles d'Hières, à bord du vaisseau
la Princesse Royale, le 29 décembre 1793.

Signé, J. GOODAL.

Deuxième certificat.

Les présentes sont pour certifier que pendant tout le
temps que j'ai été gouverneur de Toulon, M. Charles-
Edme Gauthier de Brécy, directeur général des
douanes royales, et l'un des principaux des sections
en service pour la sûreté et le bien de la ville, a manifesté à notre entrée les plus forts sentimens de fidélité à son souverain, ce qu'il a confirmé par paroles et
actions, étant toujours parmi les personnes les plus
actives et les plus diligentes, dans les intérêts des puissances coalisées, et qu'il a montré en toute occasion
le plus ferme attachement à son prince, la plus heu-
reuse disposition et le plus grand zèle pour les intérêts
de son pays.

Son état et sa situation l'ont mis particulièrement
dans le cas de rendre les services les plus utiles, en

empêchant l'ennemi de recevoir des subsistances de ses adhérens dans la ville.

C'est pourquoi je recommande mondit sieur Gauthier de Brécy comme méritant réellement l'attention du gouvernement , pour ses efforts infatigables en faveur de la cause commune , également pendant notre résidence à Toulon , comme à l'évacuation de cette ville.

Donné sous ma main , à bord du vaisseau de Sa Majesté la *Princesse-Royale* , dans la rade de Livourne, le 28 août 1795.

Signé J. GOODALL.

Certificat de l'amiral Parker.

Les présentes sont pour certifier que M. Charles-Edme Gauthier de Brécy, directeur des douanes royales à Toulon , est du nombre des royalistes réfugiés qui ont quitté cette ville le 18 décembre 1793 , jour de l'évacuation par les troupes de Sa Majesté ; qu'en considération de ses services et de sa conduite , il a été reçu à bord du vaisseau de S. Majesté *la Victoire* , d'ou il a passé sur le vaisseau le *Saint-George*. Je certifie de plus que mondit sieur Gauthier de Brécy est un de ceux qui ont le plus contribué à opérer la révolution à Toulon , et qu'il a été chef de plusieurs députations envoyées par les habitans au très-honorable lord Hood , commandant en chef les vaisseaux de Sa Majesté, ainsi qu'au gouverneur, pour les convaincre de leur entière confiance dans leurs efforts et leur courage , ainsi que dans les intentions généreuses de Sa Majesté.

Donné sous ma main , à bord du vaisseau de Sa Majesté le *Saint-George* , à la mer , le 13 juin 1714.

Signé H. PARKER ,

Contre-amiral de la Roug , et premier capitaine des flottes.

Certificat du chevalier Elliot.

Nous certifions que M. Gauthier de Brécy, directeur des douanes royales à Toulon, et membre du comité général, lorsque les forces de Sa Majesté Britan-
nique s'y trouvaient, a obtenu pour ses services et sa
conduite une pension annuelle du gouvernement.
A Bastia, le 2 septembre 1796.
Signé GILBERT ELLIOT.

Certificat du baron d'Imbert.

Nous, ancien capitaine de vaisseaux du Roi, chevalier de l'ordre royal et militaire de St. Louis, etc.,
certifions à tous qu'il appartiendra que M. Gauthier
de Brécy, directeur général des fermes à Toulon, est
du nombre de ceux qui, en 1793, se portèrent spon-
tanément aux principales sorties faites contre les re-
belles qui assiégeaient Toulon au moment où cette ville
était occupée par les troupes alliées de Sa Majesté;
que cet administrateur, pendant le cours de cette
révolution, et comme capitaine dans l'armée royale,
montra le plus grand zèle et le plus grand dévouement pour le rétablissement de la monarchie légitime et la cause de l'auguste maison des Bourbons,
et qu'il mérite, par ses longs et utiles services, les
grâces du Roi.

Signé, le Baron D'IMBERT.

Fait à Paris, ce 24 août 1814.

FIN.

BIBLIOTHEQUE NATIONALE DE FRANCE
3 7511 00370217 5

www.ingramcontent.com/pod-product-compliance
Lightning Source LLC
Chambersburg PA
CBHW061422060726
47597CB00003B/1122